ख़्वाब

MERA, AB TUMHARA....

श्रीयंक

समर्पण

सब से पहले उस इंसान का धन्यवाद जिन्होंने मुझपे यकीन
किया और हमेशा मेरी कविताओं को सराहा और सुधारा, मेरे
बड़े भैया। मेरे परिवार के सदस्यों, अध्यापको और दोस्तों का
भी दिल से शुक्रिया जिन्होंने समय समय पर मेरा साथ दिया
और जिनसे बहुत कुछ सीखा मैंने।साथ ही उन सब का भी
धन्यवाद जो मेरी कविताओं की प्रेरणा बनें और जिनकी दी हुई
यादों को लिख के अमर करने की ख़्वाहिश मेरे दिल में जगी।
और इन सब के साथ आप सभी का भी धन्यवाद के आपने
अपना कीमती समय निकाला मेरी रचनाओं को पढ़ने के लिए।
पर ये ख़्वाब मुझसे पहले मेरे बड़े भाई ने देखा था मेरे लिए ,
तो मेरी ये पहली किताब उनके नाम।

क्रम-सूची

क्रम-सूची

भूमिका

हर कला के हिस्से कोई न कोई ज़रूर होता है। ये मेरी खुशकिस्मती है के कविताओं ने मुझे चुना। २२ साल की अब तक की ज़िन्दगी ने मुझे बहुत कुछ सिखाया और साथ ही उसने लिखने की कला भी दी। मेरा ये मानना है के हर किसी के पास कोई ऐसा साधन होता है जिससे वो अपने दिल की बात कहे। कोई गा सकता है तो कोई नाच सकता है तो किसी के पास चित्रकला का साथ है। और जिनमे बनाने की कला नहीं उनमे समझने की कला है। हर कोई किसी न किसी रूप में हर किसी से बात कर रहा, हर किसी को अपना हाल सुना रहा है। और शायद अपने ज़रिये किसी और का भी हाल बयान कर रहा है। मेरी ख्वाहिश भी बस इतनी सी ही है के मैं अपने ज़रिये अपनी और आप की बात कह जाऊं। कुछ सुकून मुझे मिले और कुछ आप को भी।

मुझे संपर्क करने के लिए

ई-मेल: connect2raahii@gmail.com

इंस्टाग्राम: raahiii.___

RAAHIII

1. मेरी ज़िम्मेदारी

मैं न कोई नेता, न कोई फौजी, न आई.ए.एस अधिकारी,

पर ये मेरा भी देश है, है मेरी भी ज़िम्मेदारी।

ना है मेरा कोई दर्जा ऊंचा,

हिम्मत भी सब के समान है,

तो उम्मीद क्यों सिर्फ तुमसे करू मैं?

ये देश तो मेरा भी अभिमान है।

मैंने नहीं देखी कोई जंग कभी भी,

ना दंगो से कभी कोई पाला पड़ा,

मुझे मत बताओ किस धर्म के लोग लड़े थे तब,

बताओ के किन मासूमो के बचपन पे छाला पड़ा?

पर ये सोच सिर्फ़ मेरी नहीं,

तुम में भी कोई आग जलती होगी।

परदे हटा के नज़र डालना कभी,

कहीं कोई हिम्मत तुम में भी पलती होगी।

ज़रा आँख मूँद कर बैठो,

तुम्हारा फ़र्ज़ तुम्हे भी बुलाएगा।

नज़रें मिला के देखो हर किसी को,

हर किसी में तिरंगा ही लहराएगा।

हाँ, हैं इतिहास में कहीं गुलामी हमारी,

आज़ादी के लिए लड़ने वालों के हम सब हैं आभारी,

पर बस उनके सहारे मैं चलता रहूँ, ये तो सही नहीं,

ये मेरा भी देश है, है मेरी भी ज़िम्मेदारी।

2. आइना

यूँ कहने को थी कई बातें,
जो अब ना कहने में ही भलाई है।
एक काला साया है पीछे,
जो मेरी ही परछाई है।
मुझे घेरे हुए हैं,
मेरे ही चेहरे हज़ार।
ना जाने किसे दोस्त कहूँ,
और किससे अब करू व्यापार?
इलज़ाम तुम्हारे मुझे सारे क़ुबूल हैं,
तुम्हारी तो थी ही,
पर मेरी भी भूल है।
तुम सा कुछ मैं,
मुझ से कुछ तुम होने लगे।
रास्ते लोगों को दिखाए,
और मंज़िलों में खुद खोने लगे।
काफी हद तक शक्ल कुछ मुझ सी है इस जहां की,
जो इस पार बीत रही है,
कुछ वैसी ही है कहानी वहां की।
किसे अलग कहूँ और किसे मैं अपना सा बताऊँ?
ये तो बस आईने हैं,
मैं आइनों से अब क्या छुपाऊं?

3. कहानी

हर दुविधा किसी जवाब से चलती है,

हर कहानी अपने हिसाब से चलती है।

मैं, तुम, हम सब बस जरिया हैं उसके अंजाम का।

हम सब तो बस एक हिस्सा हैं उसके नाम का।

कहानी तब ही पलटेगी जब उसके मुताबिक़ कोई मोड़ हो।

कहानी तब ही बढ़ेगी जब उसके मतलब का कोई छोर हो।

हमें यूँ ही ख़ुशी होगी हमारे होने में,

और कहानी मुस्कुराएगी दिल के किसी कोने में।

पर ज़रा सोचो के क्या हो, जब अपनी हिस्सेदारी पे हमें
यकीन हो?

ज़रा सोचो के क्या हो, जब इस कहानी के किस्से हमारे
सामने, यहीं -कहीं हो?

सोचो, सोचो किस तरह अपनी कहानी को अपने हिसाब से
पलट के दिखाएंगे।

सोचो किस तरह उन बुरे हादसों को हम बदल के
दिखाएंगे।

ज़रा देखो हर उस आस को सच होते हुए।

देखो हर उस काश को सच होते हुए।

अब ज़रा सोचो,

अब ज़रा सोचो के क्या हो जब हमारी इस सोच का कहानी
को पहले ही पता हो?

ज़रा सोचो के क्या हो जब हमारा हर मुद्दा उस कहानी में

पहले ही लिखा हो?
हर दुविधा किसी जवाब में पलती है,
ये हकीकत है , जान लो
हर कहानी अपने हिसाब से चलती है।

4. मेरी किताबों में पन्ने नहीं

अपनी हर किताब में अपनी कहानी का हिस्सा भरता हूँ।

कब खुश था , कब उदास रहा , सारे किस्से भरता हूँ।

छोटी - बड़ी मेरी तमाम यादें वहीँ हैं,

मैं जो भी छुपाता रहा , वो सारी बातें वहीँ हैं।

बचपन की मार हो या जवानी का यार हो,

या मेरे सपने और हकीकत के बीच के हालात की दीवार हो,

वो सब वहीँ हैं , उसी किताब में।

वहीँ हैं वो सारी परेशानियां जिससे अब डरता नहीं।

वहीँ हैं वो सारे राज़ जिन्हें पाल , घुट - घुट के अब मरता नहीं।

उसी किताब से दुश्मनी है और उसी से मेरी दोस्ती भी है।

वो मेरे गुस्से की भूख भी दिखाती है , और धैर्य परोसती भी है।

जब खुद को ढूंढना हो तो उसी किताब को पढता हूँ,

जब रास्ते ही घूम हो जाएं तो उसी किताब की तरफ बढ़ता हूँ।

लोग पूछते हैं के कैसे इतनी सारी बातें मेरे लिए बोझ बने नहीं,

वो क्या है न , मेरी किताबों में पन्ने नहीं।

5. तुम कौन हो?

तुम वो हो ना जो हस्ते ही डर जाते हो,
कोई हसी छीन ना ले?
नहीं, तुम शायद वो हो जो रोते हो तो छुप जाते हो,
कोई कहीं देख ना ले?
या तुम वो हो जो आँखों में तारों के ख़्वाब रखते हो,
पर डरते हो कोई तोड़ ना ले?
या वो हो जिसे कहानियां सुनाना पसंद है,
पर डरते हो कोई तुमसे उन्हें जोड़ ना ले?
तुम शायद वो हो जो सब जीत के बैठा है,
और सब खोने से डरते हो?
या वो जो सब हार के लौटा है,
और अकेले रोने से डरते हो?
आँखें चुराते हो लोगों से,
सब से झूठ भी खूब कहते हो,
पहाड़ों से प्यार है तुम्हे,
और समंदर में रहते हो।
मुस्कुरा के कहते हो सब से, सब तुम्हारे अपने हैं।
सर झुका के बस इतना कह दो, तुम कितनों के अपने हो?
अभी ही मिले हो, अभी ही इतने सवाल हैं।
कोई तुम जैसा भी खो सकता है, ये भी एक मिसाल है।
मेरी तो खूब सुनी तुमने और अब भी यूँ मौन हो,
मुझे अपना दोस्त ही मानो और कहो,

कहो तुम कौन हो?

6. माँ

आप के जाने के बाद कुछ पहले जैसा नहीं रहा।
एक तस्वीर तो लगाई है आप की,
पर कोई उससे कभी आँख नहीं मिलाता।
लोग पूछते हैं आप के बारे में,
आप के बारे में कोई नहीं बताता।
मैं भी नहीं देखता उस तस्वीर को।
हाँ पर घर से निकलता हूँ तो आसमान ज़रूर देखता हूँ।
यादें जब मिटने लगती हैं,
तब घर में आप के निशाँ देखता हूँ।
वैसे कुछ ख़ास दुःख तो अब है नहीं आप का,
हाँ आप का नाम लिखता हूँ तो हाथ काँप जाता है।
जो मिलता है वो मुझे अपना सगा बताता है,
शायद मेरी कमी भांप जाता है।
अब चिंता की कोई बात नहीं है खुश ही हूँ मैं,
हाँ बस अब हसने का दिल नहीं करता है।
पता है के अब आप जैसा कोई बचाने नहीं आएगा,
तो अब किसी मुसीबत में फसने का दिल नहीं करता है।
कोई पूछता है कभी कभी परिवार के बारे में,
मैं उसे क्या बताऊँ?
आप नहीं हो अब साथ हमारे,
ये मैं अपने मुँह से कैसे बताऊँ?
जलन होती है दोस्तों की माओं को देख कर,

इस जलन का बुरा भी लगता है।

सिखाता है हर कोई के आप हो दिल में ज़िंदा मेरे,

और दिल ये अधूरा भी लगता है।

जान निकल जाती है आप पर २ शब्द लिखने में,

बहुत हिम्मत लगती है अब ठीक ठाक खुश दिखने में।

हाँ मालूम है इस नसीब को अपनाना होगा,

और शायद ये उम्र बीत जाएगी ये हुनर सीखने में।

काफ़ी साल तो बीत गए हैं अब,

पर आप का जाना मैंने माना अब भी नहीं है।

मैं अपनी मर्ज़ी से आप को जाने दूँ,

माफ़ करना पर इतनी हिम्मत मुझ में अब भी नहीं है।

ठीक ठाक तो मैं अब भी हूँ,

पर वो चेहकता लाडला अब पहले जैसा नहीं रहा।

वक़्त तो शायद अपने हिसाब से ही गुज़रा,

पर आप के जाने के बाद कुछ भी पहले जैसा नहीं रहा।

7. सब ठीक हो जाएगा

कभी ऐसा भी होगा के कुछ खाने का मन नहीं होगा।
कभी ऐसा भी होगा के कुछ पाने का मन नहीं होगा।।
होगा कुछ यूँ भी के नींद सोने को नहीं।
कभी ऐसा भी होगा के होगा कुछ खोने को नहीं।।
कभी ऐसा भी होगा के दिन और रात से रूठ जाओगे।
कभी ऐसा भी होगा के बस एक आंच से टूट जाओगे।।
होगा कुछ यूँ भी के कहने को बात नहीं।
कभी ऐसा भी होगा के गुज़र जाने वाली रात नहीं।।
कभी ऐसा भी होगा के हर किसी से नाराज़ रहोगे।
कभी ऐसा भी होगा के भरी महफ़िल में बेआवाज़ रहोगे।।
होगा कुछ यूँ भी के सुनने वाला कोई यार नहीं।
कभी ऐसा भी होगा के महसूस होने वाला कोई प्यार नहीं।।
कभी ऐसा भी होगा के ना कोई भूलने को होगा और ना कोई याद आएगा।
पर कभी होगा कुछ यूँ भी के सब ठीक हो जाएगा।।

8. कहाँ जा रहे हो?

सर झुकाए, आँखें बंद किये,
अँधेरे रास्तों पे दिए चाँद लिए,
कहाँ जा रहे हो?
तुम्हारी जेब में ना कोई पता है,
और ना मन में कोई घर है।
तुम्हे पता है कहाँ जाना है?
या बस मायूसी अब जी भर है?
तुम्हारा पीछा कोई नहीं कर रहा,
और जाने से कोई रोकता भी नहीं।
इस सड़क पे लड़खड़ा जाओ,
तो कोई तुम्हे टोकता भी नहीं।
अरे अब कुछ बताओ भी!
कुछ ढूंढ रहे हो?
या किसी का इंतज़ार है?
यूँ खोना मर्ज़ी है तुम्हारी,
या किसी और का करार है?
ये किसकी तमन्ना पूरी कर रहे हो?
या कोई कहानी है जिसे अधूरी कर रहे हो?
आँखें मींची हैं तुमने, इस अँधेरे में,
शायद आसूं छुपा रहे हो।
लिपटे हो खुद के घेरे में,
खुद को खुद से बचा रहे हो।

तुम कौन हो, पता नहीं
कहाँ से आए हो, पता नहीं
क्यों जा रहे हो, पता नहीं
पर तुमसे कुछ लोग जुड़े हैं,
उनका ही लिहाज़ करो और बताओ,
कहाँ जा रहे हो?

9. उसे मार दिया गया

एक कहीं छोटे से गाँव का एक छोटा सा बच्चा था,
उसे मार दिया गया।
थोड़ा पागल सा था वो, बेकार की बातें करता था।
व्यापार के इस ज़माने में, उपहार की बातें करता था।
दूसरो का दर्द देख के वो खुद रो दिया करता था।
पाप चाहे जो करे, वो खुद धो दिया करता था।
तौर तरीकों से बेखबर, छोटी जाती वालों के साथ रहता
था।
सब को अपना दोस्त, अपना ही परिवार कहता था।
हर किसी का मान सम्मान करता था।
हम सब एक हैं, इसपे वो अभिमान करता था।
वो बेवकूफ़, हमें प्यार और उम्मीद सिखाता था।
उसे इस समाज से निकाल दिया गया।
एक कहीं छोटे से गाँव का एक छोटा सा बच्चा था,
उसे मार दिया गया।

10. रास नहीं आती है

मेरी अब बात चलने से पहले कट जाती है,
कोई है जिसकी याद बहुत आती है।
घूम लेता हूँ दुनिया भी कभी कभी,
घर लौट के घर की याद बहुत आती है।
है सच ये हूँ खुश मैं,
हस दूँ तो हसी की याद बहुत आती है।
मेरी ये बातें तुम्हें बेईमानी लगती हैं?
तुम्हे भी तो किसी से मिल के किसी की याद बहुत आती
है।
जला देना मेरी किताबों को मेरे बाद,
मेरे पन्नों को भी अब मेरी याद बहुत आती है।
ये किस हाल में हूँ अब कुछ समझ नहीं आता,
खुली हवा में भी सांस क्यों नहीं आती है?
अब बहता है खून भी मेरा स्याही की तरह,
लिखते लिखते अब मुझे नींद क्यों नहीं आती है?
अरे हवा मुझे ले जा, कहीं दूर ले जा,
ये ज़िन्दगी अब मुझे रास नहीं आती है।

11. दिल भारी भारी सा लगता है

यूँ ही दिल अक्सर भारी भारी सा लगता है,
यूँ ही हर यार मेरा मुझे व्यापारी सा लगता है।
कुछ तो है सीने में जो है नहीं,
यूँ ही हर दिन मुझे इन्तेज़ारी सा लगता है।
है उम्र नहीं मेरी के मैं टूट जाऊं,
वो हक़ भी कहाँ के किसी से रूठ जाऊं।
कुछ है तो बस एक साज़िश ही है,
के मैं अपने ही सारे ख़ज़ाने लूट जाऊं।
सुनोगे क्या मेरी कहानी, अगर मैंने सुनाया तो?
याद रखोगे मेरी बातें, अगर मैंने बताया तो?
चलो इतना ना भी करो तो बस इतना बता दो,
मेरा इंतज़ार करोगे क्या, अगर मैं लौट के ना आया तो?
यही हाल है मेरा के सवाल बहुत हैं,
है कोई दर्द नहीं, पर चोट बहुत हैं।
उंगलियां तो खूब उठाई हैं ज़माने पे मैंने पर आज सच
कहता हूँ,
मेरे भी इरादों में खोट बहुत हैं।
कुछ ढूंढता हूँ मैं,
क्या है? खबर नहीं।
मिलेगा, यकीन है,

पर रत्ती भर सबर नहीं।
जो मर्ज़ी हिसाब लगा लूँ, सब बेकारी सा लगता है,
सब है मेरे पास फिलहाल तो,
पर यूँ ही दिल अक्सर भारी भारी सा लगता है।

12. अब कुछ महसूस नहीं होता

होता तो अब भी बहुत कुछ है ज़िन्दगी में,
पर अब हादसों से मायूस नहीं होता,
अब कुछ महसूस नहीं होता।
किसी के आने की आहट नहीं होती,
किसी के जाने की ख़ामोशी सुनाई नहीं देती,
है तो अब भी जीने की वजह कई,
पर अब कोई उम्मीद दिखाई नहीं देती।
शिकायतों की तो जैसे माला जपि है मैंने,
दिल कुरैत कर पन्नों पे उतारा भी है,
किसी न किसी तरह से, किसी न किसी मोड़ पर, खुद से
हर बार लड़ा हूँ,
ये बहादुर कभी बेचारा भी है।
कहना मुश्किल है के आगे क्या होगा,
जो की पहले आसान था,
अब तो अँधेरा अँधेरा सा ही है सब,
पहले जगमगाता जहां था।
न जाने कब क्या गलत हुआ था?
क्या पता किसकी भूल थी?
भावनाएं नहीं हैं अब यादों में,
कुछ है तो उनपे तो अब बस धूल ही।

कभी तो कोई संगी साथी लगे,
कभी तो हमारी भी कोई जोड़ी दिया और बाती लगे,
कभी तो हम भी सहेज के रख लें खुद को,
कभी तो ये ज़िन्दगी कम खैराती लगे।
है तजुर्बा ये भी कितना अजीब सा,
के हर काम हसने वाला इंसान कंजूस नहीं होता,
सच बताता हूँ, सुन लो,
अब कुछ महसूस नहीं होता।

13. मेरे बाद मेरा कौन?

अभी तो तुम हो यहां,
क्या मेरे बाद भी रहोगे?
अभी तो कुछ कहते नहीं मेरे हक़ में,
क्या मेरे बाद ही कहोगे?
अभी बता दो के सुकून पड़ जाएगा,
अगर नहीं भी बताओगे तो हर कोई आगे तो बढ़ ही
जाएगा,
बस मैं नहीं बढ़ पाऊंगा।
फिर कहना मत के मैंने बताया नहीं,
मत कहना के कभी मैंने अपना हाल सुनाया नहीं।
दिल खोल कर रखा है मैंने तुम्हारे सामने हर बार ही,
चलो हर बार तुम मत देना मेरा साथ,
पर कभी कभार ही?
तुमसे बहुत उम्मीद थी, अब टूट रही है।
मैंने लिया था किसी तिनके का सहारा, अब पकड़ छूट रही
है।
सब ने मुझसे मुँह क्या फेर लिया,
मेरी तो अब क़िस्मत भी फूट रही है।
तुम्हे शायद दोबारा मौका दे दूंगा,
बस तुम्हारी खातिर।
तुम जीते या हारे, मुझसे पूछना मत,
मैं अब तुमसे दूर का मुसाफिर।

ये अटपटी लगेगी मेरी बात तुम्हे,
मुझे अजीब भी कहोगे,
पर तुम यहीं, मेरे पास, मेरे सवाल में रहोगे,
की मेरे बाद मेरा कौन?

14. आख़िरी कोशिश

जो हुआ उसे भूल जाओ,
ये ज़रूरी नहीं।
वक़्त के साथ वक़्त में घुल जाओ,
ज़रूरी तो ये भी नहीं।
ज़रूरी मगर ये है के कहीं खुद में खुद से खाली ना रह जाओ।
हाथों में हर जवाब लिए सिर्फ सवाली ना रह जाओ।
खुद से वादे जो किये थे,
उन्हें निभाने का वक़्त है।
वो खूबसूरत कहानी,
फिर दोहराने का वक़्त है।
वक़्त है दोबारा खुल के मुस्कुराने का।
हाँ, यही वक़्त है वापस लौट के आने का।
वक़्त है ये मानने का के जो हुआ उसे बदल नहीं सकते।
वक़्त है ये जानने का के हर शाम के साथ यूँ ढल नहीं सकते।
ये कहना भी सही है के तुम में अब हिम्मत नहीं,
पर जितनी है उतनी ही सही।
हाथों में बस रात है तो बस ये रात ही काफ़ी है।
एक आख़िरी कोशिश तो अभी और बाकी है।

15. कुछ इस तरह

कुछ इस तरह दौड़ी ये ज़िन्दगी,
एक उम्र धरी की धरी रह गयी।
मैं अपने सपनों से यूँ लिपट गया,
सारी उम्मीद पीछे खड़ी रह गयी।
मुट्ठी भर में मिट्टी ली,
खुद को कहीं दफ़न कर गया।
सोया था ओढ़ कर चादर मैं,
उठा तो वहाँ कफ़न रह गया।
ऊंची इमारत और दौलत में महफ़िल चूर थी,
वो लौ वीराने में बस सिमटी रह गयी।
लौटा पिता काम से थक के, सोने चला गया,
वो बच्ची पालकी में रोती थी, रोती रह गयी।
हर शख्स ढूंढता है छाओं कड़ी धुप में,
पेड़ कटते रहे, तलाश चलती रही।
उसने आख़िरी सांस खींची और सुकून से गुज़रा,
आँखों ने बारिशें की, लाश जलती रही।
कुछ बिगड़ सा गया है सब के व्यवहार में।
शिकायतें रहती हैं कुछ हर किसी को, हर त्यौहार में।
मैं सही हूँ और सबलोग गलत हैं, फिर भी होता हर बार गलत है।
किसी को तो उठना होगा, बदलाव लाना होगा अपने विचार में।

पर कोई कुछ बदलने चले, इतनी अब फुर्सत कहाँ?
शिकायत के परे कुछ दिख जाए, ऐसी अपनी फितरत
कहाँ?
जो चलेगा जैसा, वैसा ही चलने दिया जाएगा।
कोई गलत को गलत कह दे, अब किसी में वो शिद्दत
कहाँ?
हुआ ये है के सब की नज़र टिकी है आसमान पे,
और सड़कों पे बस हड़बड़ी रह गयी।
कुछ इस तरह दौड़ी ये ज़िन्दगी,
एक उम्र धरी की धरी रह गयी।

16. मुझे छोड़ते ही नहीं

वो बातें जिन्हे तुम हसी में उड़ाते हो,
मेरा वो गुस्सा जिसे अपने हक़ से दबाते हो,
तुम्हारी वो सीख जिसे मैं ढूंढता भी नहीं,
तुम्हारे वो इलज़ाम जिसे मैं सुनता भी नहीं,
मेरी चीखती हुई वो शांत रातें,
धुंधली धुंधली सी वो साफ़ यादें,
वो एक आसूं जिसके लिए मैं तरसता ही रहा,
खुद ही ज़मीन बन खुद पर बरसता ही रहा,
वो हर एक बात जो गले तक आ कर खो सी गयी,
वो हर झूठी कहानी जो मुझसे हो के गयी,
तुम्हारी वो समझदारी जो मुझे सुन्न कर जाती है,
वो दरियादिली जो मुझसे मुझको ही छीन कर जाती है,
वो हर बार जो उम्मीद का आख़िरी दिया मैंने अपने ही
हाथों बुझाया है,
वो हर बार जो तुम रखवालो ने ही मेरा दिल दुखाया है,
वो हर बार जो मैं सब भूल जाने की दुआ मांगता हूँ,
वो हर बार जो मैं सुबह उठने की भी वजह मांगता हूँ,
कोसता हूँ खुद को के धूल होने की हिम्मत भी नहीं,
टूटी फूटी कोशिशें कर भी लूँ तो तक़दीर सहमत ही नहीं,
ये सारी बातें जिसे तुम सोचते भी नहीं,
ये खरोदते हैं मुझे,
ये मुझे छोड़ते ही नहीं।

17. ठहर जाएं

ये ढलता दिन रुके, आसपास ये लोग ठहर जाएं,
एक सांस को तुम भी रुको, हम-तुम संवर जाएं।
है ये जल्दबाज़ी या डर दूर जाने की?
यूँ ना हो के घबराहट में ही ये उम्र गुज़र जाए।
ये मालूम है तुम्हे और मुझे भी पता है,
ये साथ तो कोई दुआ नहीं, पर ना ही सज़ा है।
हैं अड़चने बीच इतनी के गिनते उंगलियां थक जाएं,
खींच ले जाएंगे लोग दूर हमें, उनका क्या जाता है?
पर यहां जो तुम हो क़रीब मेरे,
एक तुम ही हो यहां अज़ीज़ मेरे।
चलो तुम्हारी ख़ातिर एक सौदा भी कर लें,
रख लो तुम हक़ीक़त सारी, पर सारे उम्मीद मेरे।
तुमने कभी कहा तो नहीं पर तुम्हारी आँखों में देखा है,
मैंने तुम्हे जाते हुए मुड़ते देखा है।
तुम कहोगी तो मान जाऊँगा के हम अलग हैं,
पर मैंने तुम्हे भी शामों में ख़ामोश देखा है।
तुम्हारा हाथ छोड़ कर शायद आगे बढ़ जाऊंगा,
तुम्हारी तरह शायद मैं भी किसी और से टकराऊँगा।
घूम लूंगा मैं भी ये दुनिया ज़रा सी,
पर जहां तुम्हे मेरा इंतज़ार होगा, लौट के फिर वहीँ
आऊंगा।
पर फ़िलहाल कुछ यूँ हो के ये ढलता दिन रुके, आसपास

ये लोग ठहर जाएं,
एक सांस को तुम भी रुको, हम-तुम संवर जाएं।

18. अंतिम सफ़र

इससे बुरा ना जाने क्या होगा?
सांसें छूट गयी हैं उसकी,
अब ना जाने वो कहाँ होगा?
सफ़ेद लिबास में सर झुकाए सब उदास थे,
आज आख़िरी बार उसके अपने उसके पास थे।
अपने कंधो पर उठाया सब ने उसको,
और उसके अंतिम सफ़र पे ले गए।
धीरे कदमो से सब उसे,
उसकी क़ब्र पे ले गए।
कुछ ऐसे भी थे जो अर्सो बाद मिले थे,
तो कुछ ऐसे भी थे जो उसके साथ ही पले थे।
नम आँखों से उसे अलविदा कहने की बारी आई थी,
ख़ामोश हवा में जैसे ख़ुमारी छाई थी।
उसे धीरे से मिट्टी में दबा दिया गया,
किसी के अपने को धरती में छुपा दिया गया।
जो लौटा अपनों का काफ़िला अपने अपने घर की ओर,
उसकी रूह उठी अपने घर की ओर।
यूँ एक झटके में वो महज़ एक कहानी बन गया,
जागता शख़्स था, अब रूहानी बन गया।
ये सफ़र ना जाने ख़तम कहाँ होगा?
बिछड़ो से मिलना ना जाने अब कहाँ होगा?

19. काश

काश मैं खुद को फुसला सकता,
काश मैं खुद को समझा सकता,
काश मेरी आँखें ना होती,
काश मैं खुद को सब के धोखे में उलझा सकता।
काश मैं कमज़ोर होता,
काश मुझपे भी ज़माने का ज़ोर होता,
काश मेरी आवाज़ नहीं होती,
काश मुझ में भी सिर्फ़ झूठ का शोर होता।
काश मुझे सर झुकाना आता,
काश मुझे कुछ का कुछ और बताना आता,
काश मेरे पैर ना होते,
काश गिर के मुझे वहीँ रुकना आता।
काश मुझे भी सलीके से दिल तोड़ना आता,
काश मुझे मेरे दिलनवाज़ फ़रेबियों से मुँह मोड़ना आता,
काश मेरे हाथ ना होते,
काश मुझे भी ज़रूरत पर साथ छोड़ना आता।
काश मैं, मै ना होता
काश तुम, तुम ना होते
काश तुम्हारी जगह पर कोई और होता,
काश मेरे गुनहगार तुम ना होते।

20. डर लगता है

कई दिनों से मैं यहाँ हूँ,
अब सब अलग लगता है,
डर लगता है।
होता है कभी कभी,
रातें बेचैन हो जाती हैं,
नींद तो नहीं आती,
रोना आता है,
डर लगता है।
हर शख़्स से दहशत है,
ना जाने कौन क्या ले जाए?
अब खुद से भी दूर रहना पड़ता है,
डर लगता है।
कोई रहता है मेरे साथ,
मेरा अपना है कहता है,
पर फिर भी मुझसे बचता रहता है,
खुद को छुपा के रखता है,
डर लगता है।
अब तो जैसे हर सच ही झूठ है,
हर बात पे सौदा रहता है,
डर लगता है।
है कौन मेरा? मैं कौन हूँ?
सब गलत ही लगता है,

अँधेरा है, मैं अकेला हूँ,
डर लगता है।

21. तुम मुझसे कुछ कहना चाहती हो क्या?

इस सड़क पे शोर बहुत है,

तुम मुझसे कुछ कह रही थी क्या?

वैसे तो तुम्हारे होंठ सिले हुए हैं,

पर आँखें शायद कुछ बताना चाह रही हैं,

तुम मुझसे कुछ कहना चाहती हो क्या?

हाँ मालूम है शाम ढलने लगी है,

घर जाने की थोड़ी मुझे भी जल्दी है।

पर हो सकता है के अब दोबारा मुलाक़ात ना हो,

तो बताओ,

तुम मुझसे कुछ कहना चाहती हो क्या?

दिन गुज़रते गुज़रते तुम्हे बेचैन होते देखा,

जाते जाते तुम्हे रुकते देखा,

तुम खुद को अक्सर यूँ ही सताती हो क्या?

तुम मुझसे कुछ कहना चाहती हो क्या?

तुम्हारे चेहरे पे एक शरारत है, मुझे पसंद है

पर आज एक हसीं ख़ामोशी देखि मैंने,

तुम अपने अपनों के साथ यूँ ही वक़्त बिताती हो क्या?

तुम मुझसे कुछ कहना चाहती हो क्या?

अच्छा छोडो ये फ़िज़ूल बातें,

तुम्हें देर हो रही होगी।

पर ना जाने क्यों लगता है मुझे के तुम्हारा जाने का दिल
नहीं,
थोड़ी देर और यहीं रुकना चाहती हो क्या?
सुनो न,
तुम मुझसे कुछ कहना चाहती हो क्या?

22. ख़्वाब

खुश हो, ना है तकलीफ़ कोई।
है सच ये, या ख़्वाब कोई?
हूँ हैरान मैं भी के ये क्या हो गया!
मैं हूँ यहीं, या कहीं खो गया?
चुपचाप मुस्कुराते तुम मुझे पढ़ रहे हो,
धीरे-धीरे अनजाने तुम, मेरी कहानी में आगे बढ़ रहे हो।
सफ़र तो मेरा ही था, अब तुम भी जुड़ रहे हो,
मेरे साथ मेरे ख़यालों में अब तुम भी उड़ रहे हो।
यहाँ तक जो आ गए हो तो आगे भी साथ चलना,
छोटा हो या लम्बा हो ये सफ़र,
मैं आख़िर तक चलूँगा, तुम भी साथ चलना।
सच कहता हूँ मैंने दिल निकाल कर रख दिया है,
अपने हर शब्द को तारों की चादर से ढक दिया है।
साथ चलना हो या बिछड़ना भी हो तो हिचकिचाना मत,
मैंने तुम्हे आने-जाने का हक़ दिया है।
मुझे ढूंढना हो तो इन्ही पन्नों में मिलूंगा,
जहाँ छोड़ के जाओगे, मैं वहीं मिलूंगा।
ये मेरा ही हिस्सा है जो तुम्हारे पास है,
इधर-उधर मत ढूंढना मुझे,
मैं तो यहीं मिलूंगा।
ये जहां सितारों का, या है आस्मां कोई?
है सच ये, या ख़्वाब कोई?

* 9 7 9 8 8 8 5 6 9 2 4 4 1 *